FORT DE BAKEL (HAUT SÉNÉGAL).

LES EXPÉDITIONS FRANÇAISES
AU SÉNÉGAL

I

L'établissement des Français au Sénégal remonte à la seconde moitié du quatorzième siècle. Des marins dieppois abordèrent, en 1368, dans la baie de Dakar, et fondèrent sur la côte de la Sénégambie, depuis le cap Vert jusqu'au fond du golfe de Guinée, des comptoirs qui devinrent rapidement très prospères. Ils furent obligés de les abandonner au cours de la guerre de Trente ans. Les Hollandais et les Portugais s'en emparèrent, mais à la fin du seizième siècle des Rouennais créèrent une compagnie qui obtint un privilège royal, grâce à Richelieu, pour coloniser cette partie de l'Afrique. Cinquante ans plus tard, trois autres compagnies, de Rouen, de Saint-Malo, de Paris, vinrent y suivre leur exemple, ouvrant des débouchés aux produits français dans les pays situés entre le Sénégal et la Gambie, entre Sierra-Leone et le cap Lopez, entre le cap Blanc et Sierra-Leone. Bien que le cardinal leur eût accordé de nombreux avantages et se fût même personnellement intéressé, comme associé, aux bénéfices éventuels de leurs entreprises, celles-ci ne donnèrent point les résultats qu'on en espérait, et les déceptions furent telles qu'elles aboutirent à la cession des établissements à la Compagnie des Indes occidentales, qui n'y fut pas plus heureuse.

Ce qui causait le manque de succès, c'étaient avant tout les défauts de l'organisation. Il fallait à celle-ci un administrateur intelligent, capable, habile, ferme et résolu. Toutes ces qualités se trouvèrent réunies dans André Brue, qui, nommé directeur général de la Compagnie de Paris à la fin du dix-septième siècle, aborda le 4 juin 1697 à l'île Saint-Louis, entra immédiatement en relation avec les chefs indigènes, se concilia leur amitié, pénétra, grâce à ces auxiliaires, dans l'empire des Fouls, dont le *siratik* (empereur) signa avec lui un traité de commerce autorisant la création de comptoirs, protégés par des forts, sur tout ce territoire, et jeta de la sorte les premières bases de notre puissance coloniale au Sénégal. André Brue ne se contenta pas de ces jalons ainsi plantés. Il travailla activement à l'expansion de la colonie française, en faisant entrer dans sa sphère d'influence tous les États nègres limitrophes ou à des distances peu éloignées de notre domaine déjà conquis. Ceux des rois noirs qui se montraient hostiles à cette œuvre de civilisation furent, comme le *damel* ou chef de Cayor, soumis par la force. Les plans de pénétration de Brue s'agrandirent d'étape en étape; il voulait, en poussant jusqu'au Galam, au confluent du Sénégal et de la Falémé, assurer à la France les marchés commerciaux des Sarrakholais et des Mandingues, qui avaient entre leurs mains tout le trafic avec l'Afrique occidentale. Son idée, plus vaste encore, était de relier le Sénégal au Niger, par une voie bien protégée que pourraient suivre les marchands et les voyageurs français. Payant de sa personne, il explora la région de la Gambie, fit visiter celle du Bambouk, contre-balança dans l'une ou dans l'autre l'action des Anglais et ne craignit point d'accepter une entrevue avec le damel de Cayor, son ennemi, qui le fit prisonnier. Mis en liberté après avoir payé une forte rançon, il revint en France, où la Compagnie le rappela pour le nommer directeur général du bureau central. Malheureusement les opérations auxquelles elle se livrait périclitèrent; elle dut vendre son privilège à la Compagnie de Rouen. Cette dernière reprit André Brue à son service et le renvoya en Afrique, où il fit des prodiges en étendant partout le réseau du commerce. Cinq ans furent consacrés par lui à l'exécution de ces desseins, qui auraient été considérés comme téméraires et chimériques s'ils avaient été poursuivis par tout autre. Lorsque, en 1719, la Compagnie de Rouen fut dissoute et remplacée par la Compagnie de Law, celle-ci fit, comme les précédentes, appel au concours, d'ailleurs indispensable, de Brue. Il accepta avec empressement cette occasion de reprendre sa recherche du chemin du Niger. Les événements le forcèrent à revenir en France pour résigner ses fonctions en 1720, mais il ne fit à Paris qu'un séjour de trois années et pour la troisième fois retourna au Sénégal, en 1723. En quelques mois il y réalisa la conquête des ports d'Arguin et de Portendik, sur la côte du Sahara occidental. Quand enfin, après vingt-six ans de travail sans égal, il se crut le droit de laisser à d'autres l'administration de la Compagnie, il avait accompli, sinon toute sa tâche, au moins une brillante partie de son rêve. « En 1677, dit M. Lanier, la France ne possédait sur la côte occidentale d'Afrique que les deux ports de Saint-Louis et Gorée. En 1724, elle avait cinq ports : Saint-Louis, Arguin, Saint-Joseph, Saint-Pierre et Gorée ; et six comptoirs : Portendik, Joal, Albreda, Buitan, Gérèges, Bissao. Son influence s'étendait en outre sur les contrées riveraines du fleuve, et si elle n'avait encore ni territoire réel, ni sujets, ni colons, si le total des bénéfices de la Compagnie ne s'élevait qu'au faible chiffre de 300,000 livres, ses achats atteignant seulement un million, du moins elle était la première établie à l'embouchure d'un beau fleuve, et elle tenait la véritable clef du Soudan (1). »

II

André Brue léguait une mission magnifiquement commencée à ses successeurs, mais il n'y eut personne après lui, pendant le reste du dix-

(1) Voir sur André Brue le très remarquable travail de M. Berlioux.

huitième siècle, qui fût capable de recueillir cet héritage et d'en sauvegarder les prérogatives. Les administrateurs du Sénégal ne firent qu'as-

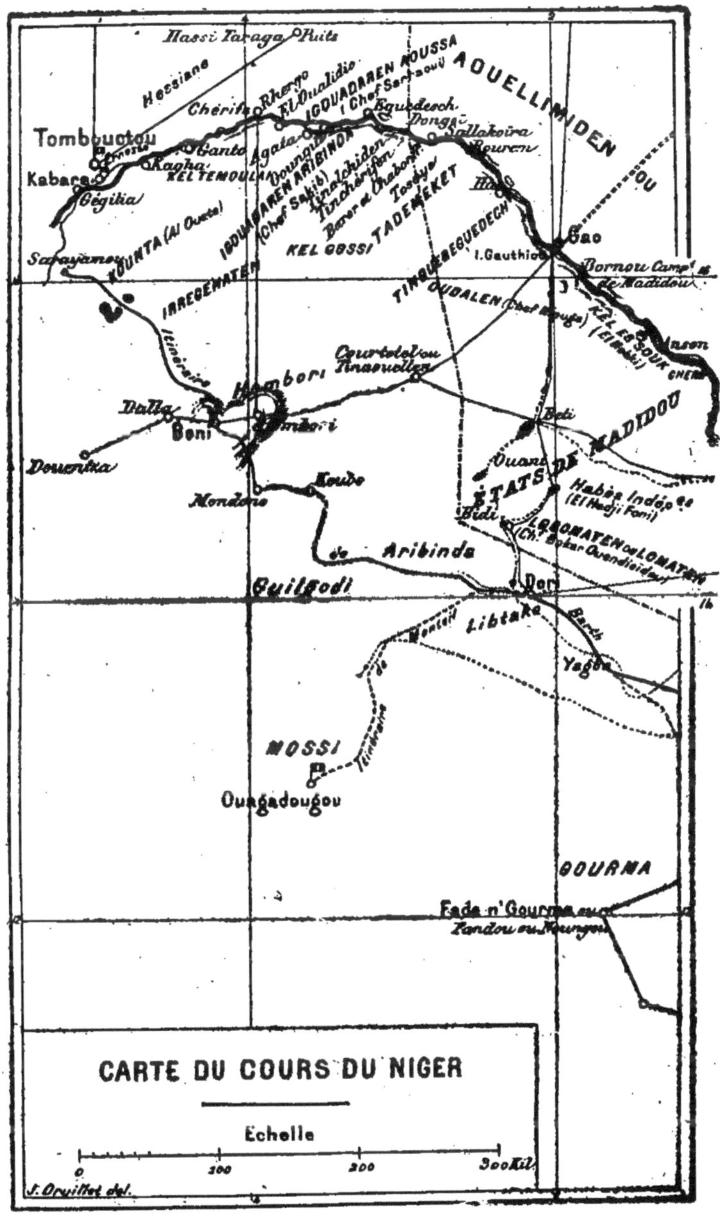

CARTE DU COURS DU NIGER.

socier leur inertie aux fautes de la couronne. Les Anglais en profitèrent pour nous enlever Gorée et Saint-Louis, qui ne nous furent définitivement rendus que par le traité de Versailles, en 1783. L'année suivante, le roi de France, Louis XVI, décida que la colonie serait placée sous la direction d'un gouverneur. Sous la République et pendant tout le premier Empire, le Sénégal ne fit que subir des vicissitudes, tantôt passant au pouvoir des Anglais, tantôt restitué par eux, puis encore repris, jusqu'à ce qu'enfin le traité de Paris de 1814 nous y réintégra, en 1817, après trois ans de contestations diplomatiques.

Une nouvelle Compagnie commerciale entra alors en jeu. Elle usa de sa concession qui lui laissait le monopole des transactions dans la haute Sénégambie, mais pendant les vingt-neuf ans qu'elle y fut maîtresse de tout le commerce, elle n'y fit que rendre plus audacieuses les attaques des chefs maures qui, depuis plus de deux cents ans, étaient en relation avec les populations nègres de la rive gauche du fleuve. Cet état de choses empira d'année en année. Napoléon III prit le parti d'y mettre fin, et le commandant du génie Faidherbe fut chargé de l'administration du Sénégal avec tous les pouvoirs d'un gouverneur.

III

Faidherbe avait tout à faire, mais il était l'homme pour surmonter tous les obstacles. Comme si l'âme d'André Brue se fût incarnée en lui, il alliait toute l'intrépidité de son glorieux devancier à toute la prudence dont il importait de faire preuve. L'œuvre qui se traçait devant lui était hérissée de périls et de nature à lasser la plus infatigable persévérance. Jamais elle ne le trouva au-dessous des exigences de la situation. Il livra pendant douze ans, de 1854 à 1865, presque sans repos, des combats aux Maures, les harcelant avec ses colonnes expéditionnaires, les délogeant des positions qu'infestaient leurs hordes pillardes, délivrant les localités menacées par elles, construisant de nouveaux forts sur le fleuve, Podor, Salé, Matam, battant tour à tour les Trarza, les Brakna, les Douaich, et réduisant à néant l'armée du marabout El-Hadj-Omar, qui voulait fonder l'empire musulman de l'Afrique occidentale, de Tombouctou à Saint-Louis.

Ce danger écarté, Faidherbe consacra trois années, de 1858 à 1860, à signer de nouveaux traités plus étroits que ceux d'auparavant avec les rois et roitelets nègres du Sénégal et de la Gambie, puis, cette période de pacification achevée par la persuasion et, le cas échéant, par les armes, il inaugura l'ère administrative. Elle ne fut pas moins féconde « Tout était à créer, dit le capitaine Ancelle, tout fut entrepris et exécuté; on construisit des ponts, des routes, on transforma les ports, et particulièrement celui de Dakar, on établit des lignes télégraphiques reliant le chef-lieu de la colonie aux divers postes; on fonda des écoles, on bâtit des casernes; tout ce qui constitue la civilisation fut mis en œuvre, sans oublier les imprimeries, les banques, les musées, les journaux, le développement industriel et agricole, favorisé par la culture du coton, de l'indigo et des arachides. En même temps des officiers de grand mérite furent envoyés dans l'intérieur. Grâce à Faidherbe, aucun point de notre territoire sénégalais ne resta inexploré. Ce fut le couronnement de son œuvre. » « Il avait, écrit M. Lanier, assis solidement notre domination, donné des terres à nos colons, assuré le trafic de nos marchands, imposé à des indigènes insolents le respect de la France et préparé la conquête commerciale du Soudan pour un avenir prochain. »

IV

A ces onze années d'activité incessante succéda, comme après André Bruc, une période tout aussi longue, non d'inertie ou d'incapacité, mais de stationnement. Napoléon III, aux prises avec les embarras politiques, perdit de vue le Sénégal. Ses ministres laissèrent dormir dans les cartons les plans de Faidherbe. Puis vinrent les années 1870-1871, la chute de l'Empire, les désastres de nos armées en France, les dures conditions du traité de Francfort, les travaux et les efforts uniquement concentrés sur le relèvement du pays. Une des premières œuvres sages de la troisième République fut de reporter son attention sur les colonies, et avant tout sur le Sénégal. Le choix du colonel Brière de l'Isle, en 1876, comme gouverneur, ne pouvait être plus heureux; mais on ne tarda pas à s'apercevoir que les indigènes avaient repris de l'audace. Ahmadou, roi de Ségou et l'un des fils d'El-Hadj-Omar, nous menaçait; il était nécessaire d'envoyer auprès de lui une mission, et celle-ci avait à craindre le sort de Flatters massacré avec toute son escorte. En 1880, le capitaine Galliéni, les lieutenants Vallière et Piétri, les docteurs Toutain et Bayol, escortés par une trentaine de tirailleurs et spahis indigènes et quelques laptots sénégalais, partirent pour Kita, point de croisement des routes de caravanes entre le haut Sénégal, le haut Niger et le Sahara. En traversant le Beledougou, situé entre le massif de Kita et le Niger, la mission, trahie par son guide, tomba dans une embuscade où elle aurait péri fatalement sans la fermeté de Galliéni, qui, avec ses hommes, fit une trouée sanglante dans le rempart des nègres amassés autour d'eux, ordonna de franchir le Niger, d'entrer sur le territoire de Segou et de pousser jusqu'à la capitale d'Ahmadou. Il fit plus : à force d'habileté il parvint à faire reconnaître par le fils d'El-Hadj le protectorat de la France sur le Niger. Ces résultats rétablirent tout notre prestige dans l'Afrique occidentale. Ils furent complétés par le colonel Borgnis-Desbordes, qui, le 5 février 1883, inaugura solennellement la prise de possession du haut Niger au nom de la France, en fondant sur le fleuve notre premier poste, celui de Bammako.

V

Les autres grandes puissances européennes reconnurent ces droits par les décisions de la Conférence de Berlin, en 1885; mais il fallait les affirmer à notre tour en poursuivant notre campagne de pénétration et d'exploration. Une de ces expéditions fut confiée au lieutenant-colonel Frey, dont on lira plus loin les pages si saisissantes (1), révélant dans un officier d'admirable initiative et de grande bravoure un talent supérieur d'écrivain unissant la clarté de l'exposition au charme de la forme et à la couleur du style. Sa campagne, effectuée en 1885-1886, sur le haut Sénégal et sur le haut Niger, se divise en deux périodes distinctes : la première com-

(1) Ces pages sont extraites de l'ouvrage : *Campagne dans le haut Sénégal et dans le haut Niger*, par le colonel Frey (Paris, librairie Plon, 1888). L'auteur est aujourd'hui général.

prit les opérations dirigées contre les bandes de l'almamy Samory, qui fut rejeté sur la rive droite du Niger et forcé de conclure la paix : la seconde eut pour objet de pacifier Guoye, le Kamera, le Guideniaka, provinces du haut Sénégal dont les habitants s'étaient soulevés en masse sur les derrières de la colonne, à la voix du prophète Mahmadou-Lamine, et avaient mis le siège devant le fort de Bakel.

« La distance qui sépare les points extrêmes de ces deux théâtres d'opérations, Bamakou et Dembakané, est, dit le lieutenant-colonel Frey (aujourd'hui général), d'environ neuf cents kilomètres; si l'on considère que cette distance a été franchie, au retour, en moins de deux mois, par des troupes déjà fatiguées, exténuées par une première campagne, que, tant sur le Niger que sur le Sénégal, ces troupes durent livrer douze combats à un adversaire fanatisé et toujours dix fois supérieur en nombre; si l'on ajoute le mauvais état des sentiers et le manque de ressources des contrées traversées, les ravages causés par les maladies ou par le feu de l'ennemi dans les rangs du petit corps expéditionnaire, on demeurera convaincu que, seules, ces troupes d'un moral excellent, d'une confiance aveugle dans leurs chefs, admirablement entraînées et commandées par des officiers d'une grande énergie, étaient capables de semblables efforts. Cet hommage sera pour le plus grand nombre d'entre elles, et principalement pour le corps de tirailleurs, la seule récompense de tant de dévouement et de tant de peines. »

La modestie de l'auteur des lignes que nous venons de citer l'empêchait de revendiquer sa part de cet hommage. Aucun de ceux qui ont suivi son expédition ne la lui contestera. Tous ses compagnons, officiers et soldats, dans cette tâche, savent que si cette longue et difficile mission aboutit au succès définitif, apres avoir coûté à la colonne expéditionnaire le tiers de son effectif, c'est à son chef, au colonel Frey, qu'en revient le premier honneur. Il réduisit Mahmadou-Lamine à l'impuissance après avoir contraint à la paix Samory.

On ne trouvera, dans les pages reproduites ici, que celles qui se rattachent à la description du pays, aux mœurs des naturels et à la vie militaire au Sénégal. Elles sont chaudes et vibrantes, écrites par une plume exercée, dictées par une âme toute française. Elles montrent à quels hommes d'élite le gouvernement sait confier nos destinées coloniales et ce que l'on peut attendre d'eux (1).

Charles Simond.

(1) D'autres expéditions en Sénégambie suivirent celle du colonel Frey. Parmi les plus importantes il convient de signaler la seconde campagne du lieutenant-colonel Galliéni (aujourd'hui général), qui avait déjà dirigé avec tant d'énergie la mission de 1880, puis celle du commandant Archinard, qui infligea plusieurs défaites à Samory, et qui eut pour successeur dans ses opérations, en 1891-1892, le lieutenant-colonel Humbert.

Depuis 1881, toutes les années ont été signalées par des expéditions sur le « Haut-Fleuve ». Elles aboutirent à la création de postes français de plus en plus avancés dans l'intérieur du Soudan, à tel point qu'en 1890 on sépara le Soudan français du gouvernement du Sénégal. Kayes, sur le Sénégal, devint la capitale du Soudan français.

On trouvera les détails de l'extension française dans ces dernières années au Soudan, dans l'étude de M. Paul Barré, intitulée : *La pénétration française par le Sénégal et le Niger* (*Revue de géographie*, août, 1894). Notre drapeau a été planté à Tombouctou en 1894, à Ouaghadougou et à Say en 1897.

INTÉRIEUR DE TIRAILLEURS SÉNÉGALAIS.
(D'après une photographie de M. le lieutenant Hubert.)

LA SÉNÉGAMBIE

I

LE HAUT SÉNÉGAL.

Parti de Bordeaux le 20 octobre 1885, le nouveau commandant supérieur arrive le 30 à Saint-Louis. Le 6 novembre, il prend passage avec les officiers de son état-major sur l'aviso *la Salamandre*.

Il est difficile de se faire une idée de l'encombrement qui existe à bord des avisos qui font le voyage du haut Sénégal. A quelles épreuves n'est-on pas obligé de soumettre la bonne volonté du capitaine, qui voit le pont de son petit navire, bien propret, bien astiqué, transformé tout à coup en un capharnaüm, en un entrepôt bizarre de colis de toute forme et de toute dimension!

Chaque officier destiné au haut fleuve ne doit-il pas en effet emporter avec lui, non seulement ses effets de toute nature, pour une ou deux campagnes, mais aussi des provisions de toute espèce, conserves, bougies, savon, vin, livres; en un mot, tout ce qui est nécessaire à son existence pendant son séjour dans ce pays? Et il faut avoir soin de ne rien omettre dans ses prévisions, car, aussitôt le dernier aviso descendu de Kayes, les moindres objets dont on peut avoir besoin augmentent de prix dans des proportions extraordinaires. Par exemple, on ne payera pas moins de quinze à vingt francs une bouteille de cognac, de quatre à cinq francs un kilogramme de sucre, de un franc une boîte d'allumettes.

Aussi, à l'avant et à l'arrière, le pont du navire disparaît-il sous les piles formidables de caisses, de colis, dont l'entassement atteint parfois jusqu'à la toiture légère qui couvre le pont en guise de tente et sert à abriter les passagers contre le soleil et la pluie.

Dans la première quinzaine de novembre, l'hivernage touche à sa fin. Le fleuve est rentré dans son lit, laissant à découvert des

UN LAPTOT SARRAKHOLAIS (MATELOT INDIGÈNE).

rives basses, sans tertres, sans horizon, couvertes de hautes herbes dont les tiges sont verdâtres près du sol qui est encore humide, mais jaunies, déjà fanées à la partie supérieure.

Pas un nuage n'assombrit l'azur du ciel, d'où ruisselle, à flots, l'éclatante lumière. Aucun souffle ne vient rider la surface de l'eau, plane et unie comme un miroir. A l'arrière, la fumée, impuissante à s'élever dans l'air immobile, s'abat lentement, lourdement, sans force, et recouvre comme d'un voile brumeux le sillage argenté de l'aviso.

Les arbres ont encore une partie de leurs feuilles, la végétation n'a pas tout à fait disparu; mais le paysage n'en conserve pas moins le caractère de monotonie qui est, en tout temps, comme le cachet de désolation et de tristesse de cette partie de l'Afrique.

Ce reste de végétation va d'ailleurs bientôt disparaître, se

SIGNARE (MÉTISSE DU SÉNÉGAL) EN GRAND COSTUME.

(Aquarelle de Darondeau.)

décomposer, et infecter l'air. Déjà, de ces rives mornes, du sol surchauffé par l'ardeur du soleil, se dégage, s'élève lentement, miroitante, tremblante, aveuglante, une buée épaisse qui tient en suspension les odeurs putrides, les germes de toutes les maladies. De temps à autre, comme les émanations d'un air empesté, vous arrivent des bouffées de cet air, qui vous étreignent à la gorge et vous suffoquent.

La rive, d'ordinaire pleine de solitude, présente parfois un peu d'animation.

Ce sont des troupes nombreuses de petits singes, au visage noir, au pelage d'un vert tendre, que l'on aperçoit se balançant aux branches des arbres, avec le feuillage desquels ils se confondent. Les uns s'égayent à suivre le navire qui côtoie la berge presque à la toucher; rapides comme la flèche, sautillant de branche en branche, d'arbre en arbre, ils luttent de vitesse avec lui. Là, c'est une mère qui, effarée, frappée d'épouvante à l'approche du navire, s'enfuit en serrant avec force contre sa poitrine son précieux fardeau, et disparaît dans les profondeurs des bois. Plus loin, c'est une bande d'une autre espèce; c'est le singe au poil fauve, d'un roux brûlé, qui, comme un enfant morose, passe sa vie à se lamenter, toujours pleurant, toujours geignant, ce qui l'a fait nommer le singe pleureur.

Ce sont encore des nuées de petits oiseaux multicolores, dont le nombre obscurcit le ciel, et qui, agitant l'air de leurs battements d'ailes précipités, passent au-dessus de nos têtes comme le frémissement de la rafale. Terrible fléau qui va s'abattre sur les champs de l'agriculteur et lui disputer ses semailles ou sa récolte!

Sur les bancs de sable mis à découvert par les eaux, des familles entières d'énormes caïmans à la cuirasse immonde, chargée de vase, sont étendus, à demi endormis, engourdis par les rayons ardents du soleil.

D'autres, plus familiers ou pressés par la faim, nagent silencieusement dans les eaux du navire et de temps en temps dressent leur tête visqueuse aux terribles mâchoires. Ce sont alors, du bord, des feux roulants de coups de fusil. Si un de ces monstres, le corps traversé par une balle, reste inerte sur la vase, vite le navire stoppe, un canot se détache du bord et va recueillir l'animal; c'est une bonne aubaine! ce sera l'occasion d'un régal pour l'équipage!

Un jour, un officier saute à terre, sans armes, sans défense; il s'approche de l'un de ces animaux qui gît sur le sable, le corps criblé de balles. Il n'en est plus qu'à quelques pas : il va s'avancer encore, quand tout à coup le monstre, la gueule béante, hideux, trouvant un reste de forces pour la vengeance, se soulève du sol, prêt à s'élancer. Un long cri d'effroi part du navire; au même instant, un coup de feu retentit; le monstre s'affaisse, retombe sans mouvement. C'est un noir du canot qui vient de décharger son fusil à bout portant dans la gueule du caïman; en homme avisé, il avait eu le soin de se munir de son arme.

Au fur et à mesure que l'on remonte le fleuve, les eaux sont de plus en plus basses; dans certains passages, des roches à fleur d'eau rendent la navigation périlleuse.

*
* *

Les marigots, affluents du Sénégal, qui naguère recevaient le trop-plein de ses eaux, se déversent à leur tour dans le fleuve. Une petite levée de terre se forme peu à peu à l'entrée de chacun d'eux; comme une digue naturelle, elle va bientôt arrêter l'écoulement des eaux; elle créera ainsi une série de réservoirs qui, pendant la saison sèche, serviront d'abreuvoir aux fauves et fourniront aux peuplades riveraines l'eau nécessaire à leur existence. Ces marigots, dont l'eau s'évaporera lentement, deviendront de plus en plus étroits; ils formeront, dans quelques semaines, une réserve providentielle où caïmans et poissons pulluleront, grouilleront, et dans lesquels les indigènes puiseront à foison.

Déjà, au-dessus, lentement, tourbillonne une quantité considérable d'oiseaux aquatiques de toute taille : aigrettes au plumage de neige, canards aux ailes armées d'un aiguillon comme d'une épée, marabouts, pélicans au vol lourd, oiseaux-trompettes au cri strident et rauque. La nuit venue, tous prendront dans les airs, pour regagner leur retraite, des formations régulières, comme une armée qui manœuvre devant un ennemi.

*
* *

La *Salamandre* défile devant les postes de Richard-Toll, Dagana, Podor, Saldé; elle fait escale à Matam, le premier poste du haut fleuve, situé au centre des tribus du Fouta, les plus turbulentes, les plus belliqueuses du Sénégal.

Bientôt nous entrons dans les pays sarrakholais, dont les grands villages, au milieu de cette nature morne, ont l'aspect riant d'oasis au milieu du désert!

Des milliers de toits pointus, dépassant la crête dentelée du tata, se détachent sur le ciel bleu comme autant de gracieuses silhouettes.

De-ci, de-là, émergent quelques palmiers, quelques hauts dattiers, rares dans ces contrées; quelques arbres séculaires, immenses figuiers déployant majestueusement leurs branches massives, comme pour protéger le village contre les esprits malins qui, au dire des noirs, errent la nuit dans les nappes mystérieuses de l'air.

Autour de leur tronc gigantesque s'élève une estrade sur laquelle sont disposées de larges nattes de paille. C'est là que, paresseusement étendu, le noir use et abuse de ce qui est pour lui la première des jouissances : le bonheur de *palabrer*, c'est-à-dire de passer de longues, d'éternelles heures dans l'oisiveté, à discourir sur des riens, à redire les mêmes contes, les mêmes histoires cent fois répétées.

MALINKAIS GUERRIER ET CHASSEUR.

Dans ces villages, où le fléau de la guerre va bientôt passer et accumulera ruines sur ruines, le tam-tam bat ses coups redoublés, invitant les populations aux promenades joyeuses à travers le village et aux danses effrénées, inséparables des réjouissances des noirs.

Dès que le navire est en vue, hommes, femmes, enfants se portent en masse sur la berge. Insensiblement, celui-ci ralentit sa marche ; il se rapproche de la rive. Les Sarrakholais, dont se composent presque exclusivement les équipages de nos avisos, après un échange rapide de salutations, qui est l'entrée en conversation obligatoire chez les noirs, criant, gesticulant, se mettent au courant des nouvelles survenues depuis le dernier voyage. Commerçants dans l'âme, ils ne perdront pas une si belle occasion de faire quelques affaires. Ils ont eu soin de préparer quelques ballots renfermant de la guinée, du tabac, de la poudre, le tout acheté à Saint-Louis avec le fruit de leurs économies.

De la toiture du navire, ils jettent au passage ces ballots sur la

UN MARABOUT.

rive, à leurs parents, à leurs amis. Point n'est besoin de leur indiquer la destination de ces marchandises. Elles seront affectées au seul commerce lucratif du Soudan, à l'achat de captifs que les laptots retrouveront dans leur village à l'expiration de leur service. Puis, le navire reprend sa vitesse et, dans la traînée de son panache de fumée, disparaissent peu à peu enfants, hommes, village.

***

Le 12 novembre, la *Salamandre* mouille devant Bakel; elle doit le jour même faire route pour Saint-Louis, afin de ne pas se laisser surprendre par une baisse subite des eaux.

Après un court séjour à Bakel, le commandant supérieur s'embarque sur le petit remorqueur le *Richard Toll*, qui le conduit à Kayes.

L'arrivée d'un commandant supérieur dans le chef-lieu du haut Sénégal est toujours un grand événement pour les populations de ces contrées. Celui-ci sera, en effet, longtemps le sujet des palabres et des conversations des indigènes, pendant leurs longues veillées au clair de lune.

Sitôt que le navire est signalé, les indigènes accourent sur la berge pour assister au débarquement. Il y a là, pêle-mêle, les habitants de Kayes, des traitants, des députations des villages voisins, des envoyés des petits potentats, venus quelquefois de très loin pour être les premiers à saluer le nouvel arrivant.

Presque toujours ce grand empressement cache quelque intérêt. Les uns ont des griefs à formuler contre une tribu voisine, et viennent demander l'appui de nos forces pour aller la combattre, — ce qui veut dire la piller. D'autres chefs, plus ou moins compromis par leurs agissements avec nos ennemis, et craignant de prochaines représailles, viennent faire des protestations éclatantes de dévouement et de soumission; pendant ce temps, d'autres envoyés de ces mêmes chefs agissent de la même manière auprès de nos ennemis.

Mais ce qu'il y a en foule parmi ces gens empressés, ce sont les espions d'Ahmadou Scheikou et de Samory. Ils recueillent avec soin les propos qui se tiennent autour d'eux sur le nouveau chef, sur son caractère, sur son passé, sur ce que l'on sait de ses projets. Le soir même, des émissaires partiront dans les différentes directions pour aller reporter fidèlement à leurs maîtres les bruits qu'ils ont recueillis.

Afin de retenir les chefs hésitants, tels que celui du Bafing, qui entretenaient des relations avec Samory, mais n'avaient pas encore fait cause commune avec lui; afin aussi d'intimider ce dernier, le commandant supérieur avait fait répandre le bruit, longtemps avant son arrivée, que la colonne en formation avait une force exceptionnelle, qu'elle arrivait avec des engins nouveaux, dont les effets étaient plus terribles et plus redoutables que ceux que l'on avait connus jusqu'alors; enfin, que la campagne qui allait commencer serait une guerre sans trêve ni merci contre le grand conquérant soudanien, le colonel étant résolu à passer une année entière, s'il le fallait, sur la rive droite du Niger, pour l'attaquer dans Sanancoro, sa résidence même, afin de le mettre dans l'impossibilité de nous nuire désormais.

Ces bruits étaient rapportés immédiatement à Samory, avec l'exagération habituelle aux noirs, par les espions qui étaient chargés de faire le dénombrement de nos forces. C'est ainsi que, quelques jours après le débarquement de trente-six affûts en fer, qui avaient été envoyés de Saint-Louis pour remplacer des affûts hors de service, Samory fut informé que la colonne qui allait opérer n'aurait pas moins de cinquante canons.

Le 17 novembre, le lieutenant-colonel Frey passe à Papahrah la revue des troupes qui constituent la colonne.

Chaque corps a son petit campement particulier. Il se compose de plusieurs lignes de petites tentes basses, relevées d'un côté en forme d'auvent, la partie supérieure et les autres côtés recouverts de paille; d'une multitude de gourbis, sortes de petites huttes, de petits hangars, construits au moyen d'un peu de paille et de branchages, et sous lesquels on abrite non seulement les hommes, mais aussi les chevaux, qui souffrent autant que l'Européen du pernicieux climat. Devant ces gourbis sont de petits chevalets faits à la hâte, au moyen de quelques bambous, et sur lesquels sont posés les armes et les objets de harnachement. Les rares arbres que l'on aperçoit disséminés sur la surface du plateau sont réservés pour l'ambulance et pour les Européens. De-ci de-là, s'élèvent droit vers le ciel de minces filets de fumée; ils indiquent l'emplacement des feux autour desquels, accroupis et les jambes presque sur le brasier, les cuisiniers indigènes préparent le repas du soldat.

Chaque coin présente son cachet d'originalité, qui varie suivant les différentes heures de la journée. Mais rien ne saurait dépeindre la tristesse de ce camp pendant l'heure accablante de la sieste.

Dès neuf heures du matin, les Européens sont rentrés sous leurs tentes, qu'ils ne quittent plus jusqu'au soir; pendant tout ce temps, ils devront garder leur casque sur leur tête, car, par son seul rayonnement, le soleil peut occasionner des insolations aussi bien que par l'action directe de ses rayons.

Un vent chaud passe lentement sur le camp, l'enveloppant d'une vapeur blanchâtre et augmentant encore la chaleur que verse, en torrents de flamme, la voûte azurée. Dans le camp, hommes et bêtes, tout sommeille. Le silence règne comme si l'on était au milieu de la nuit.

*
* *

Malgré cette épouvantable température, des tirailleurs et des spahis restent étendus de longues heures à terre, sans mouvement,

SPAHI SÉNÉGALAIS.

le visage en plein soleil : ils rêvent sans doute au paradis que leur promet Mahomet. Près d'eux se glissent ces petits lézards inoffensifs dont l'espèce est particulière au Sénégal et dont le corps, recouvert d'une petite cuirasse, brille des plus vives couleurs. D'un mouvement saccadé, ils balancent leur petite tête sans cesse, sans repos, — en châtiment, disent les indigènes, de la faute commise par l'un d'eux, qui dévoila par ce signe de tête la retraite de Mahomet à des ennemis à la recherche du Prophète.

KARAMOKO (CHEF SÉNÉGALAIS) ET SES SERVITEURS.

Tout autour du camp, sur les branches mortes des arbres, se

Par moments, quelque tirailleur, quelque *gourgui* traverse le camp pour aller prendre de l'eau au marigot voisin.

Là, le changement de tableau est complet : c'est un spectacle vivant, mouvementé. Les femmes des tirailleurs et des spahis y sont rassemblées en grand nombre ; les unes s'ébattent bruyamment dans l'onde, qu'elles frappent, autour d'elles, de leurs mains, pour tenir éloignés, par le bruit, les caïmans qui pourraient, près de là, guetter le moment propice pour s'élancer sur leur proie ; d'autres, les poignets et les chevilles chargés de lourds cercles d'argent, le buste nu, n'ayant pour tout vêtement qu'un simple morceau d'étoffe légère bridant les hanches, battent avec force, au moyen d'un morceau de bois grossier, le linge de leurs seigneurs et maîtres ; puis, d'un pas léger, soutenant de leurs bras robustes, sur leur tête, des calebasses ou des vases de terre remplis d'eau, elles rentrent, rieuses et bruyantes, dans la partie du camp qui leur est réservée.

***

Ici, c'est le camp des spahis : Européens et indigènes, réunis par groupes, formant comme autant de petites tribus, y vivent en très bonne intelligence, sur le pied d'une cordiale camaraderie.

Au spahi noir sont réservés les dures corvées, les travaux fatigants, les courses à l'ardeur du soleil ; au spahi blanc, les missions délicates, les emplois difficiles. Comme l'Européen, d'ailleurs, le spahi noir porte le casque de feutre qui doit le garantir des coups de soleil ; il touche comme lui une ration de vin et d'eau-de-vie. Cette assimilation flatte son amour-propre, et c'est gravement qu'en parlant à d'autres indigènes il se sert souvent de l'expression : « Nous autres blancs... »

Mais ce qui donne au spahi noir la grande considération dont il jouit auprès des gens de sa race, c'est la possession d'un beau cheval, et aussi celle d'un immense manteau en drap rouge qui le recouvre des pieds à la tête, et dont il se pare toutes les fois qu'il en trouve l'occasion. Avec quelle admiration ceux-ci ne le suivent-ils pas des yeux lorsqu'il passe superbe, par les rues du village, faisant caracoler son coursier et, quelque temps qu'il fasse, fièrement drapé, au risque de suffoquer, dans son magnifique manteau ! Aussi la place de spahi est-elle enviée, et, pour une vacance qui se présente, cent concurrents sont-ils en présence ; de sorte que le corps peut se recruter parmi des hommes choisis, grands et vigoureux.

Chaque spahi blanc ou noir a son *gourgui*, une sorte de brosseur, de domestique, d'apprenti spahi, qui s'attache à sa personne, le suit en toute circonstance, fait ses corvées et, dans les marches, charge sur sa tête le supplément de bagages que le cheval ne peut porter. Le gourgui n'est pas exigeant, il ne demande comme paye de ses services que l'honneur de partager l'ordinaire du spahi et de conduire quelquefois à l'abreuvoir le cheval de son maître.

Quant au spahi européen, c'est presque toujours un volontaire Une nature ardente, le désir de tenter la fortune d'un avancement rapide l'ont poussé à cette vie d'aventures. Le visage basané, les traits énergiques, on le voit crânement campé à cheval, mis avec une certaine coquetterie, comme s'il s'agissait de paraître dans un steeple-chase ou dans un carrousel.

*
* *

Passons aux tirailleurs établis sur la partie la plus ensoleillée du plateau.

Ce corps est formé d'éléments empruntés aux différentes races de la Sénégambie : Ouolofs, Toucouleurs, Peulhs et Bambaras, qu'un œil exercé distingue à la simple inspection. Le Toucouleur se reconnaît à sa nature belliqueuse et à son caractère bruyant et vantard; le Bambara, — qui provient le plus souvent de captifs faits sur le Niger, — à ses membres robustes, à son tempérament calme; le Peulh, à ses traits réguliers, à ses jambes grêles et nerveuses et à son extrême agilité; le Ouolof, plus policé que les autres noirs, à sa nature douce, à ses manières moins rudes.

Malgré cette diversité de recrutement, les tirailleurs ont un esprit de corps remarquable (1). Ce sont de précieux auxiliaires, pour la plupart d'une réelle bravoure, d'une grande intrépidité, et qui feraient très bonne figure dans une guerre européenne aux côtés de leurs congénères les turcos. Il en est parmi eux qui ont été relevés mourants sur le champ de bataille, la nuque déjà tailladée, le corps couvert de ces atroces blessures qui, dans ces guerres, sont le lot du malheureux vaincu! Plus d'un a quelquefois trente ans de service; il a assisté à cinquante combats, dont il vous fait le récit dans un langage pittoresque, avec cette familiarité respectueuse dont sont empreints les rapports d'inférieur à supérieur chez les peuples aux mœurs primitives; et il n'est encore que tirailleur de 1re classe!

Le tirailleur est le véritable soldat de la conquête. Nul mieux que lui n'est apte à faire ces marches forcées, à exécuter ces coups

(1) Cette diversité d'origine a même ses avantages. En effet, le mélange de ces races, qui sont animées de sentiments de mépris et de haine réciproques, contribue puissamment à exciter et à entretenir l'émulation parmi les tirailleurs : c'est une garantie de solidité du corps et de sécurité pour le commandement. Aussi faut-il se garder de constituer les garnisons des postes du haut Sénégal, comme quelques-uns l'ont proposé, au moyen d'éléments recrutés dans une même région, et, à plus forte raison, dans les environs de ces postes. De même, il sera prudent, pendant quelque temps encore, de conserver dans le haut Sénégal un noyau de troupes européennes.

de main qu'un chef jeune et audacieux peut concevoir et entreprendre. Une fois revêtu de ses gris-gris (amulettes en cuir), auxquels il n'accorde plus en réalité une très grande confiance depuis qu'il a vu tomber sous les balles nombre de ses ennemis qui en étaient couverts, mais dont il aime néanmoins à se parer en guise d'ornement; une fois muni de sa peau de bouc, qui contient sa provision de six à sept litres d'eau, de sa besace, qui renferme une

VIELLE FEMME PEULHE.

poignée de couscous, et ses cent vingt cartouches, un chef peut lui demander de marcher vingt heures durant; c'est pour lui jeu d'enfant.

Le tirailleur ne brille pas toujours par une très grande discipline, surtout lorsqu'il se trouve sous les ordres de chefs qui, débarqués de la veille, ignorants de la langue du pays, des mœurs des indigènes, ne savent pas le commander et le rebutent; de plus, passant chaque année neuf mois sur douze dans la brousse, menant la vie la plus dure qu'on puisse imaginer, il faut, pour le conduire, une main ferme, mais aussi une autorité paternelle,

LE SARRAKHOLAIS CARAVANIER.

sinon il désertera sans scrupule, avec armes et bagages, et ira offrir ses services à Ahmadou Scheikou ou à Samory.

Par exemple, le tirailleur est pillard dans l'âme; sa solde est si faible qu'il ne manque pas l'occasion de l'améliorer par quelques bonnes prises, par quelques bonnes aubaines. Dans le sac d'un village, il brise les objets qu'il ne peut emporter, plutôt que de les laisser à l'ennemi. Si l'on n'y veillait même, il en est qui se feraient volontiers détrousseurs de caravanes, à l'exemple de certains chefs indigènes qui, la nuit venue, vont s'embusquer près du chemin pour attaquer les convois de Dioulas à leur passage.

Dans le haut Sénégal, les tirailleurs font aussi le service d'artilleurs : c'est parmi eux que l'on recrute les servants des pièces de campagne, car, malgré la bonne volonté dont ils font preuve, et en raison du service pénible qui leur incombe, les artilleurs européens sont semés sur la route dès les premières marches.

Un type qui ne manque pas d'originalité, c'est le tirailleur-ordonnance : bon soldat, marcheur infatigable, celui-ci se distingue de ses camarades par une mise plus soignée. Comme coiffure, il affectionne les coupes de cheveux les plus originales : se rase, par exemple, tout un côté de la tête, en conservant une touffe épaisse sur l'autre côté! Chez lui le comble de la coquetterie est de laisser flotter au gré des vents, sur son pantalon, les pans de sa chemise!

En marche, il porte son fusil par le bout du canon, et la plus grande partie de son chargement sur sa tête, à moins qu'il ne soit suivi de ses femmes; dans ce cas, il se débarrasse sur elles de tous ses bagages, ne conservant sur lui que ses armes et ses cartouches.

Arrivé au campement, le tirailleur-ordonnance excelle à construire en un tour de main un gourbi à son officier; il fait à la fois l'office de brosseur et de femme de ménage; et, dans ces dernières fonctions, il met tant d'ardeur qu'il ne tarde pas à réduire promptement en dentelle les chemises et les mouchoirs les plus solides. Avec cela, il est doux, très dévoué, plein de bonne volonté et, — qualité caractéristique et précieuse dans le Soudan, où l'on manque d'outils de toute sorte, — il décloue sans peine les caisses avec ses dents!

Auprès des tirailleurs et comme sous leur garde, sont campés les disciplinaires, au nombre d'une centaine. Ce corps est le ramassis des soldats incorrigibles, des hommes les plus indisciplinés des armées de terre et de mer : tous ceux qui le composent comptent à leur actif plusieurs condamnations à des peines correctionnelles.

Les disciplinaires sont spécialement affectés aux travaux des colonies; ils ne sont pas armés, sauf pendant les exercices et les manœuvres.

Dans des circonstances exceptionnelles, on les fait participer aux expéditions coloniales : ils sont alors, le plus souvent, un danger plutôt qu'une aide pour la colonne.

*
* *

Il nous reste encore à parler de ce petit soldat de marine, doux, modeste, discipliné, que l'on aperçoit là-bas, étendu sous ces tentes basses.

Ah! quelque éloge qu'on lui décerne, quelque flatteur que paraisse le portrait qu'on en fait, on n'exaltera jamais assez sa vaillance; on ne louera jamais trop cette existence faite de dures souffrances et d'incomparables dévouements!

Celui-là n'est pas d'ordinaire, comme le spahi, un volontaire. Désigné par le sort, fils de paysans ou de pauvres artisans, il s'est arraché avec peine, le cœur brisé, à son hameau, à sa famille; ou bien, enfant de la grande ville, obligé par la nécessité de chercher un refuge dans l'armée, il a choisi cette arme, qui, du moins, lui procurera la satisfaction de faire de beaux voyages, de voir du pays.

Après quelques mois de caserne, dans l'un de nos ports militaires, aux récits merveilleux que ses camarades, oublieux des misères passées et dans la joie du retour, lui ont faits sur ces contrées mystérieuses, il s'est un peu dégrossi, il s'est défait de sa gaucherie de conscrit. Mais ce n'est qu'insensiblement et comme par l'effet d'un philtre, dont l'action agit lentement sur les sens, que son imagination s'est peu à peu échauffée au contact de ces imaginations exaltées; et toutefois, ce n'est pas sans un sentiment de terreur vague qu'il voit venir le jour prochain de l'embarquement. Dans le brouhaha du départ, dans l'émotion des adieux, il a perdu de vue ses peines; le voilà à bord; bientôt il se balancera au roulis du navire, il fera les manœuvres des voiles comme un vieux loup de mer.

Après une traversée de quinze à vingt jours, il est jeté sur une côte d'une monotonie effrayante, dont la vue produit, chaque fois qu'on la revoit, le même frisson involontaire, la même horreur instinctive, pressentiment sinistre des douleurs qui vous y attendent. Il se trouve au Sénégal comme il aurait pu être débarqué à la Guyane, au Tonkin, ou sur tout autre point du globe. « Le Sénégal! » ce nom ne lui est pas totalement inconnu; il cherche dans ses souvenirs, et il y trouve l'écho lointain de récits de journées d'amertume et d'indéfinissables souffrances.

Dans son esprit inquiet, avec sa défiance de l'avenir, il n'est pas sensible à la nouveauté, à l'étrangeté des tableaux qui se déroulent devant ses yeux : il ne voit dans ces populations nègres que des ennemis secrets conjurés pour sa perte. Sa première étape sur cette terre de désolation est l'un des camps des environs de Saint-Louis : Gandiole, la Pointe aux Chameaux, N'Diambor; car le séjour du chef-lieu est interdit aux soldats européens, dont la présence pourrait, peut-être, amener l'explosion d'une de ces terribles épidémies de fièvre jaune qui, en quelques jours, fauchent les trois quarts de la population européenne.

OUOLOFF DE SAINT-LOUIS

Épouvantables sont ces journées passées dans ces postes qui se dressent isolés, au milieu de dunes de sable sans ombrage, sans villages indigènes même à proximité ! Dans cette affreuse solitude, le cœur éprouve toutes les douleurs, tous les désespoirs de l'exil. Là, cohabitent avec les soldats des essaims de guêpes, des légions de rats, de chauves-souris, des serpents dont il est sans cesse occupé à éviter les mortelles morsures. Le soir venu, ce sont des myriades de crabes qui, sortant de la mer, s'avancent comme à l'assaut du poste, en bataillons serrés, la pince haute et frémissante.

Il entend alors, pour la première fois, dans le silence des nuits, ces chœurs lugubres formés des hululements des oiseaux de ténèbres, des hurlements, des ricanements sinistres des hyènes, des glapissements des chacals, cris qui le poursuivront désormais

GRIOTS DU ROI DE MÉDINE.
(D'après une photographie de M. Barbier.)

partout et qui hanteront, plus tard, son esprit affaibli, aux heures de fièvre et d'insomnie

Nous l'avons vu faire la montée du fleuve. Arrivé dans le haut Sénégal, il regrette déjà ces postes du bas fleuve; là du moins il était près de France, tandis que, de jour en jour, il va s'éloigner davantage de sa chère patrie.

L'influence fatale du climat s'est déjà fait sentir à Papahrah : comme lui, ses chefs, aujourd'hui debout, demain terrassés par la fièvre, ont payé leur tribut. En quelques jours, triste prélude de la campagne qui va s'ouvrir, il a déjà vu succomber un vétérinaire, M. Falgéras; un lieutenant d'infanterie de marine, M. Sibut-Bourde; un médecin, M. Lecorney; tous trois à la fleur de l'âge, au seuil d'une carrière qui leur promettait un riant avenir. Bien des camarades sont déjà tombés autour de lui; ne faut-il pas commencer cette série de décès qui, dans les précédentes campagnes, d'une durée à peine de huit à dix mois, ont atteint de si effrayantes proportions!

Il est triste, sombre, découragé, et pourtant ses misères sont à peine commencées; il n'a pas encore connu les fatigues de la campagne, car demain il lui faudra se mettre en route, marcher, marcher sans cesse pendant de longs mois, pesamment chargé, manquant de tout, dans un pays où l'Européen n'avance pour ainsi dire qu'en se traînant avec peine. Chacun de ces soldats va devenir un héros, d'autant plus méritant que son dévouement restera ignoré; que rarement la renommée tirera de l'obscurité ses traits de bravoure, ses luttes quotidiennes, désespérées, dans l'ombre, contre les ennemis, contre les maladies qu'il a à combattre, contre le découragement qui l'envahit, — et qui fait préférer à quelques-uns d'entre eux le suicide à la continuation d'indicibles souffrances.

II

LES SARRAKHOLAIS.

Le peuple sarrakholais est une des races d'origine blanche habitant l'Afrique occidentale, dont il serait bien intéressant de suivre les transformations ethnographiques et d'étudier les évolutions morales, dans les diverses étapes de ses migrations à travers les peuples du continent noir.

Le Sarrakholais descend en effet de la grande famille sémitique; le mot même de sarrakholais est synonyme d'*homme blanc*. Il ne peut subsister d'ailleurs aucun doute sur l'authenticité de cette origine, dans l'esprit de celui qui se trouve en présence d'un type sarrakholais de race pure : le visage est ovale, les yeux sont grands, bien dessinés, le nez droit, les lèvres minces. Cette origine se révèle encore dans le port de la tête, qui est tenue haute et fière, et dans l'harmonieuse proportion des membres : par exemple, les bras, qui, dans les sujets de race inférieure, sont d'une longueur démesurée, sont chez lui bien conformés et de longueur convenable.

Si l'on examine la jeune fille sarrakholaise de race pure, on est encore frappé davantage de la ressemblance de ses traits avec ceux qui caractérisent la race blanche. Son nez est petit, souvent aquilin, aux narines très mobiles; les yeux sont fendus en amande et surmontés de très longs cils, grands, avec une expression étrange de gazelle effarée; la bouche correcte, parfois gracieuse, laisse voir des dents petites, bien rangées, et du plus pur émail; sa gorge, son buste sont admirables de forme; ses membres bien proportionnés, un peu grêles peut-être; ses attaches fines; avec sa peau bronzée, rougeâtre plutôt que noire, la jeune Sarrakholaise est un petit être qui ne manque ni de charme ni de séduction.

Toutefois, à la suite des croisements multiples avec les races noires, chez un grand nombre de Sarrakholais, les traits se sont dégradés, ont dégénéré, et ont emprunté à ces races leurs formes épaissies et grossières.

Ce qui est demeuré comme un trait distinctif, caractéristique du peuple sarrakholais, c'est une intelligence supérieure à celle des autres peuples au milieu desquels il vit, une civilisation plus avancée, une âpreté au gain toute particulière, et surtout un esprit de mercantilisme, une aptitude vraiment extraordinaire pour le commerce, qui ont fait surnommer les Sarrakholais les colporteurs de l'Afrique occidentale.

Ce sont les Sarrakholais qui fournissent tous les Dioulas, c'est-à-dire les caravaniers de cette partie de l'Afrique. Chaque année, après l'hivernage, dès que les chemins sont devenus praticables, de tous les points habités par eux, partent des Dioulas dans toutes les directions.

Ils vont porter aux diverses peuplades indigènes, qui restent comme confinées, comme cantonnées dans leur territoire, les objets, les marchandises de toute sorte dont elles ont besoin.

La pacotille du Dioulà, au départ, est souvent des plus modestes : un peu de sel, quelques pièces de cotonnade, un peu de poudre, un ou deux fusils de traite; le tout est emballé avec un soin minutieux et chargé sur un de ces vaillants petits ânes qui sont le plus précieux auxiliaire, le compagnon de fortune du Dioula.

Chemin faisant, celui-ci troquera une partie de ses marchandises contre des produits des pays qu'il traverse, produits dont il espère trouver un placement avantageux plus loin, dans d'autres régions. En brocantant, en trafiquant ainsi de village en village, de contrée en contrée, il grossit peu à peu son petit bagage. Sa caravane s'augmente d'un, de plusieurs ânes, d'un bœuf porteur, d'un cheval. A dater de ce moment, il n'a plus qu'un rêve : devenir négrier, se consacrer au commerce des esclaves, sa marchandise de prédilection, d'un transport si facile, et qui remplacera, à un moment donné, ses bêtes de somme indisponibles; celle, enfin, qui présente le moins d'aléa et dont il tirera les plus gros bénéfices.

Le Dioula a eu soin, dans cette prévision, de se munir, au départ, de quelques fers habilement forgés, dont il se servira pour soumettre, pour réduire les captifs les plus récalcitrants, ceux qui, provenant des prises de guerre, se résignent difficile-

TYPE MALINKAIS (HAUT SÉNÉGAL).

ment à leur sort misérable succédant à la condition d'homme libre, et qui, prompts à la révolte et d'une garde difficile, lui ont été vendus quelquefois pour une poignée de sel.

Mais le métier de caravanier n'est pas exempt de péripéties ni de dangers. Souvent le Dioula est pressuré par le chef de la contrée où il séjourne ou qu'il ne fait que traverser; il est forcé d'acheter sa protection par de nombreux cadeaux. Seul au milieu de populations qui convoitent ses biens, ayant conscience de sa faiblesse, il se fait humble, s'arme de patience, payant à son passage dans chaque village, dans le plus petit hameau, un fort impôt, un droit de péage : ce n'est qu'à ce prix qu'on le laissera commercer, qu'il pourra continuer sa route. Enfin, nul plus que lui n'est exposé à être attaqué, pillé, assassiné par l'une de ces nombreuses tribus maures ou noires dont le pillage est l'unique moyen d'existence, ou bien par quelques groupes de bandits qui

TYPE MALINKAIS DE LA RIVE GAUCHE DU HAUT NIGER.

(D'après une photographie de M. Van Bosch.)

ne seront autres quelquefois que les habitants du village qu'il vient de quitter. Aussi, pareils aux marchands qui ont à effectuer la traversée des déserts infestés par les Touaregs, lorsque les Dioulas ont à franchir des passages dangereux, ils se réunissent en caravanes nombreuses, marchant avec toutes les précautions d'une troupe qui se tient sur ses gardes, et alors, s'ils sont attaqués, ils luttent avec la dernière énergie pour la défense de leur convoi.

Après plusieurs années d'absence, pendant lesquelles il a parcouru les différents marchés d'esclaves et les contrées où l'on fait le commerce de l'or, poussé à diverses reprises jusqu'aux comptoirs européens pour y échanger, contre de nouvelles marchandises, l'or, l'ivoire et les autres objets qu'il a rapportés de l'intérieur, le Dioula se décide enfin à revenir dans son pays. Il y ramène, si le voyage a été fructueux, quelques captifs qu'il a prélevés sur les esclaves qui sont passés par ses mains, parmi les plus robustes, les plus aptes aux travaux de culture; quelques femmes, de toutes jeunes filles, presque des enfants, qu'il a choisies avec un soin particulier parmi les plus belles de ses captives

Il entreprendra encore d'autres voyages et continuera cette existence jusqu'à ce qu'il ait réussi à se procurer assez de captifs pour faire produire ce qui est nécessaire à sa subsistance, assez de chevaux, assez de bœufs, assez de femmes pour pouvoir s'établir chez lui et vivre de la douce vie de chef de case, c'est-à-dire de chef de famille et de propriétaire.

***

D'autres Sarrakholais, qui n'ont pas un goût aussi vif pour les pérégrinations, ou qui ne possèdent pas les ressources nécessaires pour la première mise d'une caravane, emploient d'autres moyens pour arriver à cette situation tant désirée de chef de case.

Dès l'âge de quinze ans, ils se rendent à Saint-Louis, dans nos postes, à nos escales. Là, ils accaparent les emplois indigènes les plus lucratifs, les places les mieux rétribuées, et, autant que possible, celles qui exigent le travail le moins pénible. La presque totalité des matelots indigènes, *laptots*, qui composent, au Sénégal, les équipages de nos avisos et l'armement des chalands des négociants, sont Sarrakholais. Les meilleures places de domestiques, de maîtres d'hôtel, d'employés indigènes de commerce, à Saint-Louis, sont occupées par des Sarrakholais. Sur les seize capitaines de rivière, sorte de pilotes dont la situation est très enviée des indigènes, en raison des avantages de toute sorte qu'elle rapporte, quatorze sont Sarrakholais.

En revanche, on ne trouve pas un homme de cette race parmi les spahis, et, à plus forte raison, parmi les tirailleurs sénégalais; le service y est trop dur, la solde trop faible.

Dans ces divers emplois, les Sarrakholais font preuve de grandes qualités; ils sont propres, doux jusqu'à l'obséquiosité, faciles à commander. Dès que l'un d'eux a amassé un petit pécule, il achète des marchandises qu'il expédie dans son pays. Il charge un parent, un ami, d'y faire, en son absence, l'acquisition, si une bonne occasion se présente, d'un ou de plusieurs captifs, selon la somme dont il a pu disposer. Au mois de juillet 1886, le gouverneur du Sénégal, ayant à sa table le colonel Frey, de retour de sa campagne, fut très étonné en apprenant de cet officier que le maître d'hôtel qui les servait, et que celui-ci venait de reconnaître, était un Sarrakholais de pure race, possesseur en Galam de sept captifs qu'il avait achetés de cette sorte.

De même que le caravanier, l'employé sarrakholais, dès qu'il se trouve assez riche, rentre s'établir dans son pays : c'est un chef de case de plus. Mais il a eu soin, au préalable, de rechercher et de se préparer un successeur, qu'il présente invariablement à son maître comme son frère. Au moment de son départ, il le fait agréer par ce dernier, pour le remplacer pendant son absence, qui, dit-il, doit être de courte durée. Le temps s'écoule : le nouveau venu trouve quelque prétexte plausible pour faire prendre patience à son maître; pendant ce temps, il se forme rapidement à son service, à ses habitudes, puis, un beau jour, il lui annonce que celui qu'il remplace ne peut ou ne doit plus revenir. Et le tour est joué : il reste pendant quelques années au nouveau domestique à payer une petite redevance à son prétendu frère, à ce placier d'un nouveau genre.

Chez lui, le Sarrakholais est bon agriculteur; il s'adonne volontiers à la culture du mil, des arachides, à l'élève des chevaux et des bestiaux. Maître dur, inexorable, il sait tirer pour tous ces travaux, de ses captifs, tout le rendement dont ils sont capables. Il n'hésite pas à employer contre ces derniers les sévices les plus révoltants, à tuer au besoin de sa main, pour faire un exemple, un captif d'un mauvais rapport ou qui fait preuve d'une trop grande mauvaise volonté au travail. Il a été donné à tout voyageur qui a navigué sur le Sénégal d'apercevoir, sur la rive, des captifs, malades, épuisés au point de pouvoir à peine se tenir sur leurs jambes, des femmes tombant de faiblesse ou de vieillesse, se traîner péniblement sur le sol, courbés, accroupis, occupés à travailler la terre sous l'œil d'un Sarrakholais, leur maître.

*
* *

Le peuple sarrakholais a eu son heure de puissance et de gloire : il formait, paraît-il, il y a quelques siècles, un vaste empire au cœur du Soudan occidental. Les débris de cet empire sont aujourd'hui épars sur le continent africain, sous les noms de Sonninkais, Markankais, Sarrakholais, à l'état tantôt de familles, tantôt de confédérations plus ou moins importantes.

Ce sont des Sarrakholais qui composent presque en entier le pays de Nyamina, sur le Niger. On les trouve encore dans le

Kaarta, dans le Sorma, dans le Diombokho, dans le Ouassoulou et, plus près de la côte, dans le Fouta-Djalon, dans la Casamance et dans la haute Gambie. Mais l'agglomération la plus nombreuse, la plus importante, celle avec laquelle nous sommes le plus directement en contact, par notre commerce, par nos intérêts, est la population sarrakholaise du pays de Galam.

Elle occupe, sur la rive droite du Sénégal, le Diafounou et le Guidimakha, provinces situées devant nos postes de Médine et de Bakel. De leur mélange avec les Maures, qui leur sont limitrophes à l'ouest, est née une population, toujours commerçante il est vrai, mais belliqueuse, turbulente, et qui est loin de manquer de bravoure, quoi qu'en aient affirmé des voyageurs qui lui ont décerné un brevet de pusillanimité.

Sur la rive gauche, les Sarrakholais occupent le Gadiaga, le Kamera, le Guoye et une partie du Damga, s'étendant ainsi le long du fleuve sur une longueur de plus de soixante lieues, et enserrant complètement le poste de Bakel.

Général H. Frey

JEUNE FILLE KHASSOUKAISE.

www.ingramcontent.com/pod-product-compliance
Ingram Content Group UK Ltd.
Pitfield, Milton Keynes, MK11 3LW, UK
UKHW020224200726
13856UKWH00004B/1600

9 782013 076685